ປື້ມສີມ່ວງ

ໂດຍະ ເຄຫາ ແຄຣ໌
ຮູບໂດຍະ ອາມິ ມູເລບ

Library For All Ltd.

ອົງການ Library For All ແມ່ນອົງການທີ່ບໍ່ຫວັງຜົນກຳໄລ ທີ່ມີພັນທະກິດທີ່ຈະເຮັດໃຫ້ທຸກຄົນ ສາມາດເຂົ້າເຖິງແຫຼ່ງຄວາມຮູ້ ຜ່ານບະອັດຕະກຳຫ້ອງສະໝຸດດິຈິຕອນ. ເຂົ້າເບິ່ງລາຍລະອຽດເພີ່ມເຕີມທີ່: libraryforall.org

ປຶ້ມສິ່ມ່ອງ

ຈັດພິມຄັ້ງທຳອິດໃນປີ 2019. ແປ ແລະ ຈັດພິມໃນ ສປປ ລາວ ປີ 2020.

ຈັດພິມໂດຍ: ອົງການ Library For All
ອີເມວ: info@libraryforall.org
URL: libraryforall.org

ປຶ້ມພາສາລາວເຫຼັ້ມນີ້ ຖຶກສະໜັບສະໜູນໂດຍການຮ່ວມມືຂອງ

ຮູບແຕ້ມຕົ້ນສະບັບໂດຍ ອາມິ ມູເລບ

ປຶ້ມສິ່ມ່ອງ
ເຄອາ ແຄຣິ່
ISBN: 978-9932-09-095-2
SKU00910

ປຶ້ມສີມ່ວງ

ດອກໄມ້ສີມ່ວງ.

4

ບົກສົມ່ວງ.

ໝາກເບີຣິສິ່ມ່ອງ.

ໝາກອາງຸ່ນສົ້ມ່ອງ.

ປະຫວັງສິນ່ວງ.

เรือบสิ่มวๆ.

ລົດສີມ່ວງ.

ໝາກບາບສົ່ມ່ວງ.

ກ່ອງສີ່ມ່ອງ.

ສີສີມ່ວງ.

ຂໍ້ມູນທາງບັນນາບຸກົມຂອງຫໍສະໝຸດແຫ່ງຊາດ

ເຄອາ ແຄຣີ່
    ປຶ້ມສົມ່ອງ L / ໂດຍ ເຄອາ ແຄຣີ່. -- ຄັ້ງທີ2. -- ວຽງຈັນ :
ມັກອານ, 2020
    30 ໜ້າ : ພາບປະກອບສີ ; 21 ຊມ
    1. ວັນນະກຳສຳລັບເດັກ
    2. ສີ
    I. ຊື່ເລື່ອງ
808.899282 -- dc21
    ISBN 978-9932-09-095-2

ເຈົ້າສາມາດໃຊ້ຄຳຖາມດັ່ງລຸ່ມນີ້ເພື່ອ ສືບທະບາກ່ຽວກັບເລື່ອງທີ່ອ່ານກັບ ຄອບຄົວ, ໝູ່ ແລະ ຄູອາຈານ.

ເຈົ້າໄດ້ຮຽນຮູ້ຫຍັງຈາກເລື່ອງນີ້?

ຈົ່ງອະທິບາຍເລື່ອງນີ້ ໂດຍໃຊ້ຄຳບັບຍາຍ 1ຄຳ. ຕະຫຼົກ? ຢ້ານ? ມີສິສັນ? ໜ້າສົນໃຈ?

ເມື່ອອ່ານຈົບແລ້ວ, ເລື່ອງນີ້ໃຫ້ຄວາມຮູ້ສຶກຫຍັງແດ່?

ໃນເລື່ອງນີ້, ເຈົ້າມັກສິ່ງໃດຫຼາຍທີ່ສຸດ?

ກ່ຽວກັບຜູ້ປະກອບສ່ວນ

ເຄວາ ແຄຣ໌ ເຕີບໃຫຍ່ຂຶ້ນມາພ້ອມກັບການຮັກການອ່ານ, ການຂຽນ ແລະ ການຣຽນຮູ້. ໃນຖານະທີ່ເປັນຄູອາຈານກ່ານສອນ ທ່ານບາງໆ ແຄຣ໌ ໄດ້ມີໂອກາດ ແບ່ງປັນການຣຽນຮູ້ໃນຊີ ວິດຄົບຮຸ່ນໃໝ່. ເຄວາ ມັກການຂຽນໃຫ້ເລື່ອງ ລາວຕ່າງໆມີຊີວິດຊີວາຜ່ານຕົວແບບ ແລະ ມັກແບ່ງປັນປະສົບການການອ່ານ ການຂຽນ ຜ່ານສິລະປະ, ການເຕັ້ນ, ດົນຕີ ແລະ ສິ່ງສ້າງສັນ ແລະ ກິດຈະກຳການສະແດງລະຄອນຕ່າງໆ.

ເມື່ອບໍ່ໄດ້ຢູ່ໃນໂລກຂອງຈິນຕະນາການ ທ່ານ ເຄວາ ມັກທີ່ຈະຟ້ອນລຳ, ໄປຢ່າງປ່າ, ຖ່າຍຮູບ, ຫຼິ້ນເປຍໂນ ແລະ ເອົາຕະຫຼິກເຮັດໃຫ້ ຄົບອື່ນມີຄວາມສຸກມີສຽງຫົວ.

ນອກຈາກນີ້ ລາວຍັງເປັນອາສາສະໝັກ ໃນວຽກງານຫຼາຍດ້ານ.

"ຈົ່ງປ່ຽນແປງ ຕາມທີ່ທ່ານຕ້ອງການທີ່ຈະເຫັນຢູ່ໃນໂລກນີ້"
~ ທ່ານ ມະຫະຕະມະ ຄານທີ.

"ຂ້າພະເຈົ້າບໍ່ສາມາດປ່ຽນໂລກນີ້ໄດ້, ແຕ່ຂ້າພະເຈົ້າສາມາດໂຍນຫີນລົງໃນນ້ຳເພື່ອສ້າງ ຄື້ນນ້ຳໄດ້."
~ ແມ່ຊີ ເທເຣຊາ.

ປຶ້ມທຶວນີ້ມ່ວນບໍ?

ພວກເຮົາມີປຶ້ມຫຼາຍຮ້ອຍຫົວໃຫ້ເລືອກອ່ານ.

ພວກເຮົາຮ່ວມມືກັບນັກຂຽນ, ຊ່ຽວຊານດ້ານການສຶກສາ, ທີ່ປຶກສາທາງດ້ານວັດທະນະທຳ, ລັດຖະບານ ແລະ ອົງກອນທີ່ບໍ່ຂຶ້ນກັບລັດຖະບານ ເພື່ອນຳຄວາມເພີດເພີນ ໃນການ ອ່ານໃຫ້ກັບເດັກນ້ອຍທົ່ວທຸກແຫ່ງ.

ຮູ້ບໍ?

ພວກເຮົາສ້າງການປ່ຽນແປງທີ່ດີໃນຂົງເຂດນີ້ ໂດຍປະຕິບັດ ເປົ້າໝາຍ ການພັດທະນາແບບຍືນຍົງຂອງສະຫະປະຊາຊາດ.

library forall.org